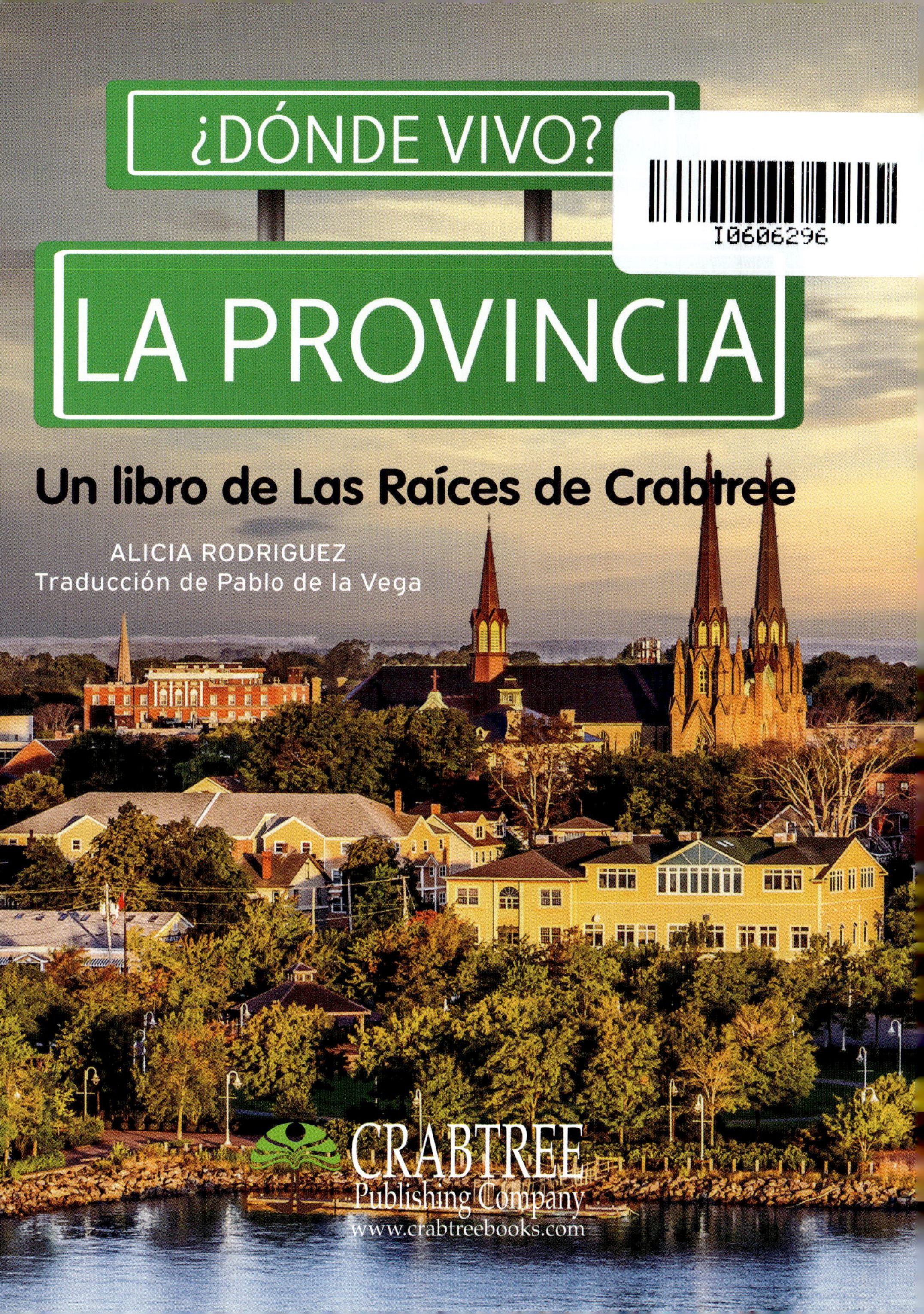

¿DÓNDE VIVO?

LA PROVINCIA

Un libro de Las Raíces de Crabtree

ALICIA RODRIGUEZ
Traducción de Pablo de la Vega

CRABTREE
Publishing Company
www.crabtreebooks.com

Apoyos de la escuela a los hogares para cuidadores y maestros

Este libro ayuda a los niños en su desarrollo al permitirles practicar la lectura. Abajo están algunas preguntas guía para ayudar al lector a fortalecer sus habilidades de comprensión. En rojo hay algunas opciones de respuesta.

Antes de leer:

- ¿De qué pienso que tratará este libro?
    - *Pienso que este libro es sobre cómo se ven las provincias.*
    - *Pienso que este libro es sobre lo que podemos encontrar en una provincia.*
- ¿Qué quiero aprender sobre este tema?
    - *Quiero aprender qué tan grande es una provincia.*
    - *Quiero aprender quién gobierna una provincia.*

Durante la lectura:

- Me pregunto por qué...
    - *Me pregunto por qué las provincias tienen sus propias banderas.*
    - *Me pregunto por qué un país puede tener provincias.*
- ¿Qué he aprendido hasta ahora?
    - *Aprendí que el primer ministro es el líder de una provincia.*
    - *Aprendí que algunas provincias tienen playas.*

Después de leer:

- ¿Qué detalles aprendí de este tema?
    - *Aprendí que las provincias son de distintas formas y tamaños.*
    - *Aprendí que las provincias tienen líderes.*
- Lee el libro una vez más y busca las palabras del vocabulario.
    - *Veo la palabra* ***provincia*** *en la página 3 y la palabra* ***banderas*** *en la página 12. Las demás palabras del vocabulario están en la página 14.*

Esta es mi **provincia**.

Es parte de
un **país**.

CANADÁ

Yukón
Territorios del Noroeste
Nunavut
Terranova y Labrador
Columbia Británica
Alberta
Saskatchewan
Manitoba
Quebec
Isla del Príncipe Eduardo
Ontario
Nueva Escocia
Nuevo Brunswick

Todas las provincias tienen una **capital**.

Un **primer ministro** es su líder.

Algunas provincias tienen **playas**.

Algunas provincias tienen **montañas**.

Todas las provincias tienen **banderas**.

Lista de palabras

Palabras de uso común

algunas
de
es
esta

las
mi
su
tienen

todas
un
una

Palabras para conocer

banderas

capital

montañas

país

playas

primer ministro

provincia

34 palabras

Esta es mi **provincia**.

Es parte de un **país**.

Todas las provincias tienen una **capital**.

Un **primer ministro** es su líder.

Algunas provincias tienen **playas**.

Algunas provincias tienen **montañas**.

Todas las provincias tienen **banderas**.

Written by: Alicia Rodriguez
Designed by: Rhea Wallace
Series Development: James Earley
Proofreader: Janine Deschenes
Educational Consultant:
Marie Lemke M.Ed.
Translation to Spanish:
Pablo de la Vega
Spanish-language layout and
proofread: Base Tres
Print and production coordinator:
Katherine Berti

Photographs:
Shutterstock: R.M. Nunes: cover; Darryl Brooks: p. 1; Firefighter Montreal: p. 3, 14; boreala: p. 5, 14; Jeff Whyte: p. 6, 13, 14; Voinau Pavel: p. 9, 14; EB Adventure Photography: p. 10, 14; Pavel Tvrdy: p. 11, 14

Library and Archives Canada Cataloguing in Publication

Title: La provincia / Alicia Rodriguez ; traducción de Pablo de la Vega.
Other titles: Province. Spanish
Names: Rodriguez, Alicia (Children's author), author. | Vega, Pablo de la, translator.
Description: Series statement: ¿Dónde vivo? | Translation of: Province. | "Un libro de las raíces de Crabtree". | Text in Spanish.
Identifiers: Canadiana (print) 20210252618 |
Canadiana (ebook) 20210252626 |
ISBN 9781039616950 (hardcover) |
ISBN 9781039617018 (softcover) |
ISBN 9781039617070 (HTML) |
ISBN 978103961713 (EPUB) |
ISBN 9781039617193 (read-along ebook)
Subjects: LCSH: Canadian provinces—Juvenile literature.
Classification: LCC FC58 .R6418 2022 | DDC j971—dc23

Library of Congress Cataloging-in-Publication Data

Names: Rodriguez, Alicia (Children's author), author. | Vega, Pablo de la, translator.
Title: La provincia / Alicia Rodriguez ; traducción de Pablo de la Vega.
Other titles: Province. Spanish
Description: New York, NY : Crabtree Publishing, [2022] | Series: ¿Dónde vivo? - un libro de las raíces de crabtree | Title from cover.
Identifiers: LCCN 2021030293 (print) |
LCCN 2021030294 (ebook) |
ISBN 9781039616950 (hardcover) |
ISBN 9781039617018 (paperback) |
ISBN 9781039617070 (ebook) |
ISBN 9781039617131 (epub) |
ISBN 9781039617193
Subjects: LCSH: Canadian provinces--Juvenile literature. | Canada--Politics and government--Juvenile literature.
Classification: LCC F1008.2 .R55518 2022 (print) | LCC F1008.2 (ebook) | DDC 971--dc23

Crabtree Publishing Company
www.crabtreebooks.com 1-800-387-7650

Printed in the U.S.A./092021/CG20210616

 In Canada: We acknowledge the financial support of the Government of Canada through the Canada Book Fund for our publishing activities.

Published in the United States
Crabtree Publishing
347 Fifth Avenue, Suite 1402-145
New York, NY, 10016

Published in Canada
Crabtree Publishing
616 Welland Ave.
St. Catharines, Ontario L2M 5V6